영어 바로 배우기

Ⅰ. 알파벳을 배웁시다.

 알파벳이란 a, b, c, ... 의 26 글자를 말합니다.
 아래 ① pen은 단어라고 하여 「펜」이란 뜻입니다. 이 단어를 보면 ②와 같이 p-e-n이란 세 글자로 되어 있는 것을 알 수 있습니다. 이런 영어 글자를 알파벳이라 하며, 모두 26 글자가 있습니다. 이 26 글자들이 단독으로, 또는 여러 가지로 결합되어 뜻있는 단어가 됩니다.
 알파벳에는 대문자·소문자가 있습니다.
 오른편 ③, ④는 모두 알파벳입니다. ③, ④는 모양이 비슷하고, 그 발음은 ③ A, ④ a는 〔에이〕, ③ B, ④ b는 〔비〕로 발음하며 ③은 대문자, ④는 소문자라고 합니다.

①	②	③ ④	③ ④
pen	p-e-n	A a	B b

대문자·소문자의 알파벳과 그 발음

대문자	A	B	C	D	E	F	G	H
소문자	a	b	c	d	e	f	g	h
우리말로 읽기	에이	비	씨	디	이	에프	지	에이치
	I	J	K	L	M	N	O	P	Q	R
	i	j	k	l	m	n	o	p	q	r
	아이	제이	케이	엘	엠	엔	오우	피	큐	아아
	S	T	U	V	W	X	Y	Z
	s	t	u	v	w	x	y	z
	에스	티	유	비	더블유	엑스	와이	지, 제드

A a *A a* [에이]

에어플레인
airplane
(비행기)

앨범
album
(앨 범)

에이프런
apron
(앞치마)

애플
apple
(사과)

B b *B b* [비이]

버스
bus
(버스)

북
book
(책)

뱉
bat
(배트)

베이비
baby
(갓난아이)

C c *C c* [시이]

클락
clock
(탁상시계)

캩
cat
(고양이)

카아
car
(자동차)

캐머러
camera
(카메라)

D d 𝒟 𝒹 [디이]

도오그 dog (개)

도오 door (문)

달 doll (인형)

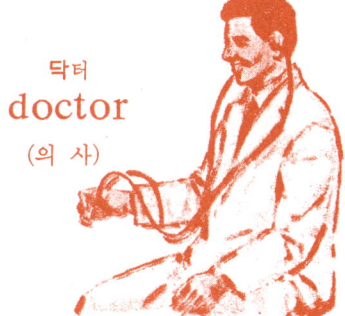
닥터 doctor (의 사)

E e ℰ 𝑒 [이이]

에그 egg (달걀)

잉글런드 England (영국)

엘리펀트 elephant (코끼리)

F f 𝒥 𝒻 [에프]

피시 fish (물고기)

포오크 fork (포오크)

플라우어 flower (꽃)

II. 블록체를 써 봅시다.

A[에이]를 쓰는 법: 대문자=A 소문자=a

B[비이]를 쓰는 법: 대문자=B 소문자=b

C[시이]를 쓰는 법: 대문자=C 소문자=c

■ D[디이]를 쓰는 법 : 대문자=D   소문자=d

■ E[이이]를 쓰는 법 : 대문자=E   소문자=e

■ F[에프]를 쓰는 법 : 대문자=F   소문자=f

J j *J j* [제이]

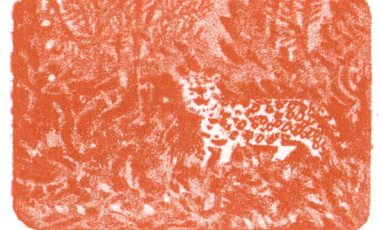

정글
jungle
(밀림)

주우스
juice
(주우스)

주우얼
jewel
(보석)

재킽
jacket
(짧은 웃옷)

K k *K k* [케이]

나이프
knife
(칼)

키이
key
(열쇠)

키친
kitchen
(부엌)

L l *L l* [엘]

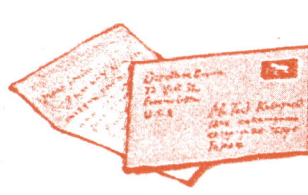

레터
letter
(편 지)

램프
lamp
(전등, 등)

라이언
lion
(사 자)

리이프
leaf
(잎)

G[지이]를 쓰는 법 : 대문자=G 소문자=g

H[에이치]를 쓰는 법 : 대문자=H 소문자=h

I[아이]를 쓰는 법 : 대문자=I 소문자=i

■ J [제이]를 쓰는 법 : 대문자=J   소문자=j

■ K [케이]를 쓰는 법 : 대문자=K   소문자=k

■ L [엘]을 쓰는 법 : 대문자=L   소문자=l

M m *M m* [엠]

마운틴
mountain
(산)

무운
moon
(달)

마우스
mouse
(생쥐)

매치
match
(성냥)

N n *N n* [엔]

넽
net
(그물)

뉴우스페이퍼
newspaper
(신문)

노우트붘
notebook
(공 책)

O o *O o* [오우]

오오건
organ
(오르간)

오오린지
orange
(오렌지)

앜스
ox
(황소)

원
one
(하나)

M[엠]을 쓰는 법 : 대문자=M 소문자=m

N[엔]을 쓰는 법 : 대문자=N 소문자=n

O[오우]를 쓰는 법 : 대문자=O 소문자=o

■ P[피이]를 쓰는 법 : 대문자= P 소문자= p

■ Q[큐우]를 쓰는 법 : 대문자= Q 소문자= q

■ R[아아]를 쓰는 법 : 대문자= R 소문자= r

S s $\mathcal{S}$ s
[에스]

스쿠울
school
(학교)

스키이
ski
(스키이)

시프
ship
(배)

스타아
star
(별)

T t $\mathcal{T}$ t
[티이]

트레인
train
(기차)

튜울립
tulip
(튜울립)

타이거
tiger
(호랑이)

티이
tea
(차)

U u $\mathcal{U}$ u
[유우]

엄파이어
umpire
(경기의 심판)

엄브렐러
umbrella
(우산)

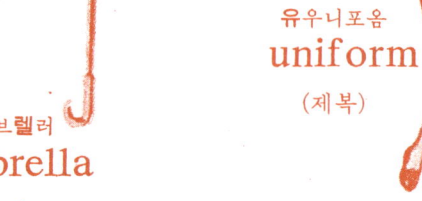
유우니포옴
uniform
(제복)

V v 𝒱 𝓋 [비이]

바이얼린
violin
(바이올린)

베이스
vase
(꽃병)

발리보올
volleyball
(배구)

W w 𝒲 𝓌 [더블유우]

윈도우
window
(창문)

윈터
winter
(겨울)

우먼
woman
(부인)

와치
watch
(손목시계)

X x 𝒳 𝓍 [엑스]

자이러포운
xylophone
(실로폰)

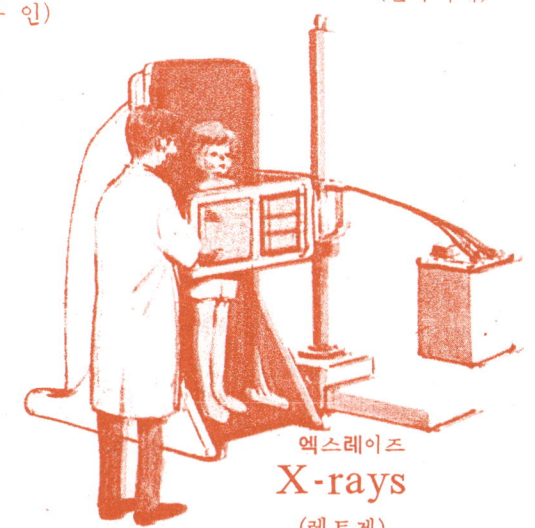
엑스레이즈
X-rays
(렌트겐)

S[에스]를 쓰는 법 : 대문자= S 소문자= s

T[티이]를 쓰는 법 : 대문자= T 소문자= t

U[유우]를 쓰는 법 : 대문자= U 소문자= u

► V[비이]를 쓰는 법 : 대문자＝V 소문자＝v

► W[더블유우]를 쓰는 법 : 대문자＝W 소문자＝w

► X[엑스]를 쓰는 법 : 대문자＝X 소문자＝x

블록체의 대문자 쓰기

A A　　　　　　B B

C C　　　　　　D D

E E　　　　　　F F

G G　　　　　　H H

I I　　　　　　J J

K K　　　　　　L L

M M　　　　　　N N

O O　　　　　　P P

Q Q　　　　　　R R

S S　　　　　　T T

U U　　　　　　V V

W W　　　　　　X X

Y Y　　　　　　Z Z

블록체의 소문자 쓰기

a a　　　　　　　　　b b

c c　　　　　　　　　d d

e e　　　　　　　　　f f

g g　　　　　　　　　h h

i i　　　　　　　　　j j

k k　　　　　　　　　l l

m m　　　　　　　　　n n

o o　　　　　　　　　p p

q q　　　　　　　　　r r

s s　　　　　　　　　t t

u u　　　　　　　　　v v

w w　　　　　　　　　x x

y y　　　　　　　　　z z

Ⅲ. 필기체를 써 봅시다.

필기체의 기본 연습 (필기체는 타원형과 곡선으로 이루어 집니다. 펜의 놀림을 연습하셔요.)

필기체의 대문자와 소문자 (번호와 화살표는 쓰는 순서를 나타냄.)

필기체의 대문자

A 에이

필기체의 소문자

a 에이

소문자를 이어 쓰셔요.

대문자와 소문자를 이어 쓰셔요.

ant (앤트) 다음 낱말을 이어 쓰셔요.
개미

B 필기체의 대문자

비이

b 필기체의 소문자 (b와 B의 높이는 같습니다.)

비이

소문자를 이어 쓰셔요.

대문자와 소문자를 이어 쓰셔요.

bus (버스)   다음 낱말을 이어 쓰셔요.

버스

24

C 필기체의 대문자 (동그라미를 그릴 때처럼 연습하세요.)

시이

c 필기체의 소문자

시이

소문자를 이어 쓰세요.

대문자와 소문자를 이어 쓰세요.

cat (캩) 다음 낱말을 이어 쓰세요.

고양이

D
디이

필기체의 대문자 (디이의 대문자는 가장 쓰기 어려운 글자입니다. 잘 연습하세요.)

d
디이

필기체의 소문자 (d는 a로 혼동하기 쉬우니 주의하세요.)

소문자를 이어 쓰세요. (d는 맨 윗줄까지는 닿지 않아요.)

대문자와 소문자를 이어 쓰세요.

dog (도그)
개

다음 낱말을 이어 쓰세요.

E

이이

필기체의 대문자

e

이이

필기체의 소문자 (소문자 c와 혼동하지 마셔요.)

소문자를 이어 쓰셔요.

대문자와 소문자를 이어 쓰셔요.

egg (에그) 다음 낱말을 이어 쓰셔요.

계란

F 필기체의 대문자 (기준선 밑으로는 내려가지 않아요.)

에프

f 필기체의 소문자 (b와 f는 혼동하기 쉬우니 주의하셔요.)

에프

소문자를 이어 쓰셔요. (f는 맨 윗줄에서 맨 아랫줄까지 쓰셔요.)

대문자와 소문자를 이어 쓰셔요.

fox (팍스) 다음 낱말을 이어 쓰셔요.

여우

필기체의 대문자 (아랫 부분을 기준선 밑까지 내려쓰세요.)

G
지이

필기체의 소문자

g
지이

소문자를 이어 쓰셔요.

대문자와 소문자를 이어 쓰셔요.

gun
(건)

다음 낱말을 이어 쓰셔요.

소총

H
에이치

필기체의 대문자 (기준선 밑으로는 내려가지 않아요.)

h
에이치

필기체의 소문자

소문자를 이어 쓰셔요.

대문자와 소문자를 이어 쓰셔요.

hat (햍)
중절모

다음 낱말을 이어 쓰셔요.

I 필기체의 대문자 (왼쪽에서 올라갔다가 오른쪽으로 내려옵니다.)

아이

i 필기체의 소문자 (점은 맨 나중에 찍으세요.)

아이

소문자를 이어 쓰세요.

대문자와 소문자를 이어 쓰세요.

ink (잉크) 다음 낱말을 이어 쓰세요.

잉크

J 제이 — 필기체의 대문자 (I처럼 왼쪽에서 오른쪽으로 올려쓰셔요.)

j 제이 — 필기체의 소문자 (점은 맨 나중에 찍으셔요.)

소문자를 이어 쓰셔요.

대문자와 소문자를 이어 쓰셔요.

jar (자아) 단지 — 다음 낱말을 이어 쓰셔요.

K 필기체의 대문자

케이

k 필기체의 소문자 (h와 혼동하기 쉬우니 주의하셔요.)

케이

소문자를 이어 쓰셔요.

대문자와 소문자를 이어 쓰셔요.

key
(키이)
다음 낱말을 이어 쓰셔요.

열쇠

L 엘 — 필기체의 대문자 (D와 약간 다르니 주의하셔요.)

l 엘 — 필기체의 소문자 (I와 다르게 오른쪽에서 위로 올려 쓰셔요.)

소문자를 이어 쓰셔요.

대문자와 소문자를 이어 쓰셔요.

lily (릴리) 백합 — 다음 낱말을 이어 쓰셔요.

M

필기체의 대문자 (맨 처음 시작할 때만 맨 윗줄에 닿게 하셔요.)

엠

필기체의 소문자

엠

소문자를 이어 쓰셔요.

대문자와 소문자를 이어 쓰셔요.

man (맨)

다음 낱말을 이어 쓰셔요.

남자

N

필기체의 대문자 (대문자도 소문자도 M, m과 비슷하니 주의하세요.)

엔

필기체의 소문자

n
엔

소문자를 이어 쓰셔요.

대문자와 소문자를 이어 쓰셔요.

net (넽) 다음 낱말을 이어 쓰셔요.

넷트

36

O 오우　필기체의 대문자

o 오우　필기체의 소문자

소문자를 이어 쓰셔요.

대문자와 소문자를 이어 쓰셔요.

oil (오일)　기름

다음 낱말을 이어 쓰셔요.

oil oil

P 필기체의 대문자 (대문자와 소문자는 약간 모양이 다릅니다.)

피이

p 필기체의 소문자 (비스듬한 직선은 맨 윗줄의 약간 밑에서 시작합니다.)

피이

소문자를 이어 쓰셔요.

대문자와 소문자를 이어 쓰셔요.

pen
(펜)

펜

다음 낱말을 이어 쓰셔요.

Q 큐우   필기체의 대문자 (2의 숫자와 약간 같은 모양으로 쓰셔요.)

q 큐우   필기체의 소문자 (g와 혼동하기 쉬우니 주의하셔요.)

소문자를 이어 쓰셔요.

대문자와 소문자를 이어 쓰셔요.

queen
(퀴인)
여왕

다음 낱말을 이어 쓰셔요.

R
아아

필기체의 대문자

r
아아

필기체의 소문자 (위에서 둘째 번 줄 조금 위까지 올라갑니다.)

소문자를 이어 쓰셔요.

대문자와 소문자를 이어 쓰셔요.

rat (랫)
쥐

다음 낱말을 이어 쓰셔요.

S 필기체의 대문자

에스

s 필기체의 소문자 (위에서 둘째 번 줄 조금 위까지 올라갑니다.)

에스

소문자를 이어 쓰셔요.

대문자와 소문자를 이어 쓰셔요.

sea (시이) 다음 낱말을 이어 쓰셔요.

sea sea

바다

T 필기체의 대문자

티이

t 필기체의 소문자 (위에서 둘째 번 줄 조금 위까지 올라갑니다.)

티이

소문자를 이어 쓰셔요.

ttt

대문자와 소문자를 이어 쓰셔요.

Tt Tt

tie
(타이)

넥타이

다음 낱말을 이어 쓰셔요.

tie tie

U 필기체의 대문자

유우

u 필기체의 소문자

유우

소문자를 이어 쓰셔요.

대문자와 소문자를 이어 쓰셔요.

umpire
(엄파이어)

심판

다음 낱말을 이어 쓰셔요.

umpire umpire

V

필기체의 대문자 (대문자 U와 비슷하니 주의하셔요.)

비이

필기체의 소문자 (작은 동그라미로 시작하면서 쓰셔요.)

비이

소문자를 이어 쓰셔요.

대문자와 소문자를 이어 쓰셔요.

veil (베일)

면사포

다음 낱말을 이어 쓰셔요.

W

필기체의 대문자

더블유우

필기체의 소문자

더블유우

소문자를 이어 쓰셔요.

대문자와 소문자를 이어 쓰셔요.

wine (와인) 다음 낱말을 이어 쓰셔요.

포도주

X 엑스   필기체의 대문자 (비스듬한 직선은 맨 나중에 쓰셔요.)

x 엑스   필기체의 소문자 (비스듬한 직선은 맨 나중에 쓰셔요.)

소문자를 이어 쓰셔요.

대문자와 소문자를 이어 쓰셔요.

X'mas (크리스머스) 다음 낱말을 이어 쓰셔요.

성탄절

Y 필기체의 대문자 (처음 시작할 때의 부분은 대문자 U 처럼 쓰셔요.)

와이

y 필기체의 소문자

와이

소문자를 이어 쓰셔요.

대문자와 소문자를 이어 쓰셔요.

yacht (요트) 다음 낱말을 이어 쓰셔요.

요트

Z 필기체의 대문자
지이

Z 필기체의 소문자 (위에서 둘째 번 줄까지 올라갑니다.)
지이

소문자를 이어 쓰셔요.

대문자와 소문자를 이어 쓰셔요.

ZOO (주우)   다음 낱말을 이어 쓰셔요.

동물원

8. 필기체 대문자와 소문자의 비교

Aa Aa
Bb Bb
Cc Cc
Dd Dd
Ee Ee
Ff Ff
Gg Gg
Hh Hh
Ii Ii
Jj Jj
Kk Kk
Ll Ll
Mm Mm

■ 대문자와 소문자의 모양·높이에 주의하여 정확히 씁시다.

Nn Nn

Oo Oo

Pp Pp

Qq Qq

Rr Rr

Ss Ss

Tt Tt

Uu Uu

Vv Vv

Ww Ww

Xx Xx

Yy Yy

Zz Zz

Aa Cc Kk Mm Nn Oo Pp

Ss Uu Vv Ww Xx Yy Zz

Gg Bb Dd Ee Ff Hh Ii

Jj Ll Qq Rr Tt

Middle School English Course

9). 필기체 ──── 이어쓰기

abcdefghijklmnopqrstuvwxyz

abcdefghijklmnopqrstuvwxyz

Amity	Baker	Cathy
David	End	From
Grip	High	Ice
June	Korea	Love
Miss	Name	Over
Paris	Queen	Rome
Seoul	Tom	Under
Very	Week	X-mas
You	Zoo	

■ 필기체는 모두 이어 씁니다. ■「대문자+소문자」를 쓸 때 대문자 $F \cdot I \cdot P \cdot T \cdot W \cdot X$와 소문자는 이어 쓸 수 없읍니다.

※ ①f, ②v, ③θ, ④ð는 [프, 브, 르, 드드]로 표기했지만 우리말에는 없는 소리이므로 따로 연습해 둘 것. ⑤ [z 즈]는 [s 시]의 탁음임. ⑥[r 르]는 모음 앞에 올 때만 자음이고 뒤에 오면 [r]의 소리는 그 앞의 모음속에 포함된다. 미국에서는 [r]음색이 있는데 영국에서는 없다.

■ 발음 기호를 씁시다 ■

i iə ɪ ɛ e ə ə ɚ æ u u ɑ ɑ ɔ ɔ o ʌ ei ai
이 ⑩이이 에 에 어 어어 애 우 우우 아 아아 오 오오 오 어 에이 아이

i iə ɪ ɛ e ə ə ɚ æ u u ɑ ɑ ɔ ɔ o ʌ ei ai

au ɔi iər ɛər ɔər uər aiər auər eiər ɔiər jər
아우 오이 이어 에어 오어 우어 아이어 아우어 에이어 오이어 이어

au ɔi iər ɛər ɔər uər aiər auər eiər ɔiər jər

en ou piː kjuː ɑːr es tiː juː viː dʌbljuː eks wai ziː
엔 오우 피이 큐우 아아 에스 티이 유우 비이 더블유우 엑스 와이 ⑪지이

en ou piː kjuː ɑːr es tiː juː viː dʌbljuː eks wai ziː

⑦[w 우]는 모음의 앞 뒤에서만 나는 소리로 반모음이고, ⑧[j 이]는 모음 앞에서만 나는 반모음이다. ⑨[hw 후]는 영국에서는 [h]소리를 빼고 [w 우]라고만 한다. ⑩[ː]은 장음 표시로 그 앞의 모음을 길게 내는 뜻. ⑪[ziː 지이]를 영국에서는 [zed 제드] 라고 발음한다.

Lesson 1 Good Morning, In-ho.

morning   afternoon   evening   night
[모오닝]   [애프터누운]   [이브닝]   [나이트]

Korea   king   game   bag
[커리이어]   [킹]   [게임]   [백]

Good morning, In-ho. How are you?
[굿   모오닝   인호   하우   아아   유우]
「(오전에 만났을 때) 안녕, 인호.   건강은?」

Fine, thank you. Good-bye.
[파인   땡   큐우]   [굿바이]
「좋아, 고마와」   「잘 가 또는 잘 있어」

Lesson 5 We Are All Good Friends.

father   *mother*   *dog*   *puppies*
[파아더]   [머더]   [도그]   [퍼피즈]

rose   *lily*   *tulip*   *lion*
[로우즈]   [릴리]   [튜우립]   [라이언]

Do you have a radio? Yes, I do.
[두 유우 해브 어 레이디오]   [예스 아이 두]
「당신은 라디오를 가지고 있읍니까?」   「예, 그렇습니다」

Does she have a cat? No, she doesn't.
[더즈 쉬이 해브 어 캣]   [노우 쉬이 더즌트]
「그녀는 고양이를 가지고 있읍니까?」   「아니오, 그렇지 않습니다」

Lesson 6 Ch'ang-ho's House

house   kitchen   bathroom   garden
[하우스]   [키친]   [배드루움]   [가아든]

sun   six   airplane   notebooks
[선]   [식스]   [에어플레인]   [노우트북스]

What's your name? My name is Su-mi.
[화츠 유어 네임] [마이 네임 이즈 수미]
「당신의 이름은 무엇입니까?」 「나의 이름은 수미입니다」

My grandfather's room is downstairs.
[마이 그랜드파아더즈 루움 이즈 다운스테어즈]
「나의 할아버지 방은 아래층에 있읍니다」

Lesson 7 Su-mi's New School

socks   *box*   *bench*   *tree*

[삭스]   [박스]   [벤치]   [트리이]

chair   *classroom*   *picture*   *train*

[체어]   [클래스루움]   [픽처]   [트레인]

Where are my socks?

[훼어]   아아   마이   삭스

「나의 양말이 어디에 있읍니까?」

They are in the drawer.
[데이 아아 인 더 드로어]
They are in the drawer.
「그것들은 서랍속에 있읍니다」

Now, where is my lunch box?
[나우 웨어 이즈 마이 런치 박스]
Now, where is my lunch box?
「자, 나의 점심 도시락은 어디에 있읍니까?」

It is under my desk.
[잇 이즈 언더 마이 데스크]
It is under my desk.
「그것은 책상 밑에 있읍니다」

Thank you, Mom. You're welcome.
[땡큐우 맘] [유우어 웰컴]
Thank you, Mom. You're welcome.
「감사합니다. 엄마」 「천만에」

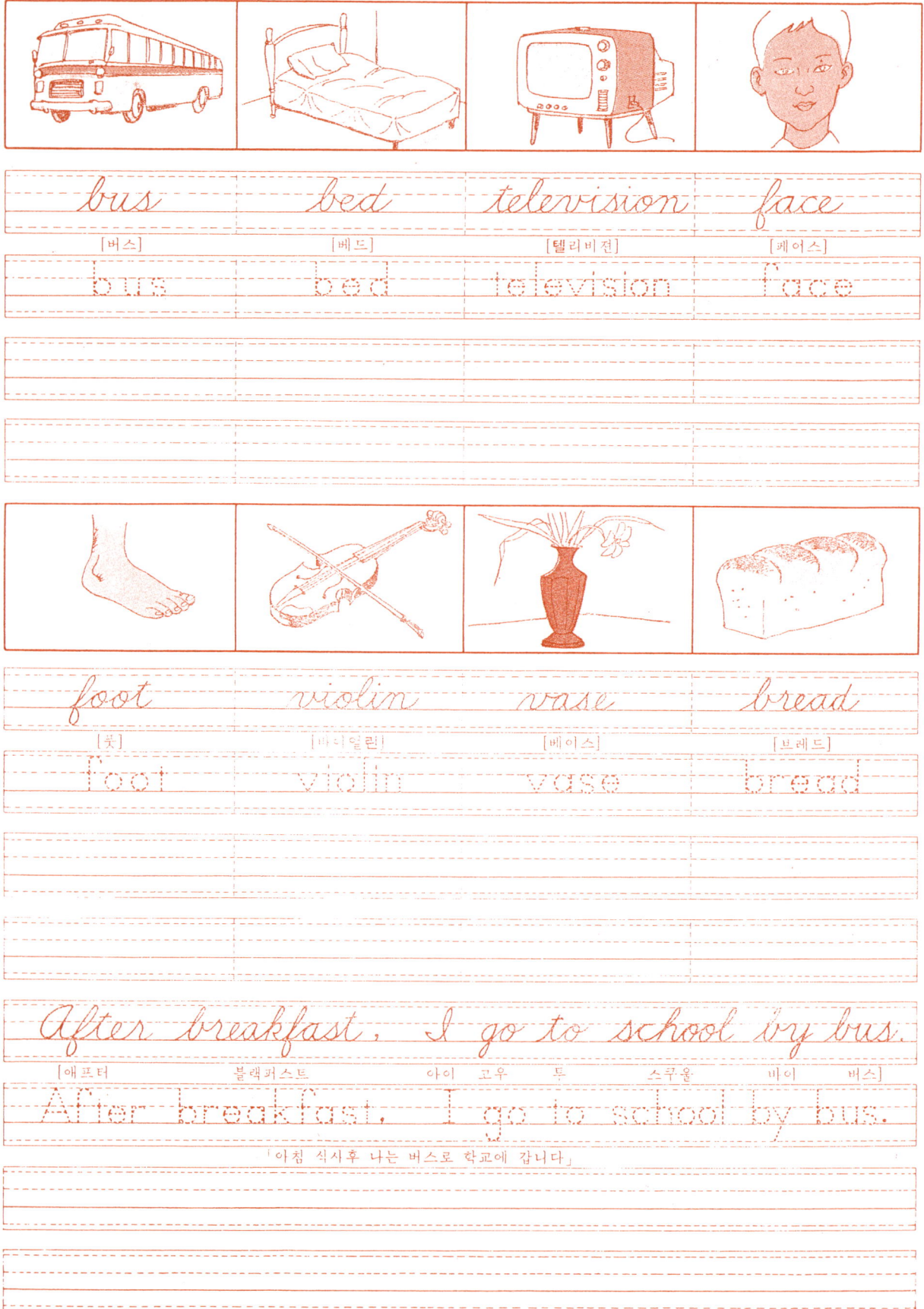

I have lunch with my friends at noon.
[아이 해브 런치 위드 마이 프렌드즈 앳 눈]
I have lunch with my friends at noon.
「나는 정오에 친구들과 함께 점심을 먹습니다」

We talk, laugh, and have fun.
[위이 토오크 래프 앤드 해브 펀]
We talk, laugh, and have fun.
「우리는 이야기하고, 웃고, 재미있게 놉니다」

All my family have dinner together.
[오올 마이 패밀리 해브 디너 터게더]
All my family have dinner together.
「모든 나의 가족은 함께 저녁을 먹습니다」

What time is it now? It's 11:40.
[왓 타임 이즈 잇 나우] [이츠 일레븐 포오티]
What time is it now? It's 11:40.
「지금 몇 시입니까?」 「11시 40분 입니다」

문장익히기

Lesson 1 — This is a book.

긍정문	This	is		a	book.	이것은 (한 권의) 책입니다.
부정문	This	is	not	a	book.	이것은 (한 권의) 책이 아닙니다.

This is a book. This is not a book.

This is a book. This is not a book.

Lesson 2   This is a pen.

| a+자음 | This | is | a | pen. | 이것은 (하나의) 펜입니다. |
| a+모음 | This | is | an | apple. | 이것은 (한 개의) 사과입니다. |

This is a pen.   *This is an apple.*

This is a pen.   *This is an apple.*

Lesson 3   I am boy.

a+명사	I	am	a	boy.	나는 소년 입니다.
a를 없앰	I	am		sungjin Kim.	나는 김 성진 입니다.

I am a boy.   I am sungjin kim.

I am a boy.   *I am sungjin Kim.*

Lesson 4　　You are a girl.

긍정문		You	are	a	girl.	당신은 (한 명의) 소녀 입니다.
의문문	Are	you		a	girl?	당신은 (한 명의) 소녀 입니까?

You are a girl.　　Are you a girl?

You are a girl.　　Are you a girl?

Lesson 5   He is a teacher.

긍정문	He	is		a	teacher.	그는 (한 분의) 선생님 입니다.
부정문	He	is	not	a	teacher.	그는 (한 분의) 선생님이 아닙니다.

He is a teacher.   He is not a teacher.

He is a teacher.   *He is not a teacher.*

Lesson 6 — She is a nurse.

긍정문		She	is	a	nurse.	그녀는 (한 명의) 간호원 입니다.
의문문	Is	she		a	nurse?	그녀는 (한 명의) 간호원 입니까?

She is a nurse. *Is she a nurse?*

She is a nurse. *Is she a nurse?*

Lesson 7 — That is a car.

긍정문	That	is		a	car.	저것은 (한 대의) 차입니다.
부정문	That	is	not	a	car.	저것은 (한 대의) 차가 아닙니다.

That is a car.　　That is not a car.

That is a car.　　*That is not a car.*

Lesson 8 — That is a pencil.

a+명사	That	is	a		pencil.	저것은 (한 개의) 연필입니다.
소유대명사+명사	That	is		my	pencil.	저것은 나의 연필입니다.

That is a pencil.   That is my pencil.

That is a pencil.   *That is my pencil.*

Lesson 9 — You are not a teacher.

2인칭 부정문	You	are	not	a	teacher.	당신은 (한 분의) 선생님이 아닙니다.
3인칭 부정문	She	is	not	a	teacher.	그녀는 (한 분의) 선생님이 아닙니다.

You are not a teacher.   She is not ~.

You are not a teacher.   She is not ~.

Lesson 10 — You are a pianist.

긍정문	You	are		a	pianist.	당신은 (한 명의) 피아니스트 입니다.
부정문	You	are	not	a	pianist.	당신은 (한 명의) 피아니스트가 아닙니다.

You are a pianist.   You are not ~.

You are a pianist.   *You are not ~.*

Lesson 11 — He is a doctor.

3인칭		He	is	a	doctor.	그는 (한 분의) 의사 입니다.
의문문	Is	he		a	doctor?	그는 (한 분의) 의사 입니까?

He is a doctor.   Is he a doctor?

He is a doctor.   Is he a doctor?

Lesson 12 — Yes, he is (a doctor).

긍정대답	Yes,	he	is.		예, 그렇습니다.
부정대답	No,	he	is	not.	아니오, 그렇지 않습니다.

Yes, he is a doctor.   No, he is not.

Lesson 13 — This is a pen.

긍정문		This	is	a	pen.	이것은 (한 개의) 팬입니다.
의문문	Is	this		a	pen?	이것은 (한 개의) 팬입니까?

This is a pen.   Is this a pan?

This is a pen.   Is this a pen?

Lesson 14 — Yes, it is (a pen).

긍정대답	Yes,	it	is .		예, 그렇습니다.
부정대답	No,	it	is	not.	아니오, 그렇지 않습니다.

Yes, it is.   No, it is not a pen.

Yes, it is.   *No, it is not a pen.*

Lesson 15 Am I a boy ?

일인칭의문문	Am	I	a	boy?	나는 소년 입니까?
이인칭의문문	Are	You		sujin Ree?	당신은 이 수진 입니까?

Am I a boy ?   Are you sujin Ree?

Am I a boy?   Are you sujin Ree?

Lesson 16 — Yes, You are (a boy).

긍정대답	Yes,	you	are	(a boy).	예, 그렇습니다..
부정대답	No,	I	am	not.	아니오, 그렇지 않습니다.

Yes, you are a boy.   No, I am not.

Lesson 17 Is he a teacher?

의문문	Is	he	a	teacher ?	그는 (한 분의) 선생님입니까?
의문문	Is	she	a	teacher ?	그녀는 (한 분의) 선생님입니까?

Is he a teacher?   Is she a teacher?

Lesson 18 — Yes, He is (a teacher).

긍정대답	Yes,	he	is	(a	teacher).	예, 그렇습니다.
부정대답	No,	she	is	a	nurse.	아니오, 그녀는 (한 명의) 간호원 입니다.

Yes, he is.   No, she is a nurse.

Yes, he is.   *No, she is a nurse.*

Lesson 19 — Are you a doctor ?

의문문	Are	you	a	doctor?	당신은 (한 분의) 의사 입니까?
의문문	Are	you		sujung Kim?	당신은 김 수정 입니까?

Are you a doctor?   Are you sujung?

Are you a doctor?   Are you sujung?

Lesson 20 — Yes, I am (a doctor).

긍정대답	Yes,	I	am		(a doctor).	예, 그렇습니다.
부정대답	No,	I	am	not.		아니오, 그렇지 않습니다.

Yes, I am a doctor.   No, I am not.

Yes, I am a doctor.   No, I am not.

Lesson 21 — This is a pen.

단수	This	is	a	pen.	이것은 (한 개의) 펜입니다.
복수	These	are		pens.	이것들은 펜(들) 입니다.

This is a pen.   These are pens.

This is a pen.   *These are pens.*

Lesson 22 — That is a pen.

단수	That	is	a	pen.	저것은 (한 개의) 펜입니다.
복수	Those	are		pens.	저것들은 펜(들) 입니다.

That is a pen.   Those are pens.

That is a pen.   Those are pens.

Lesson 23 — We are boys.

일인칭 복수	We	are	boys.	우리들은 소년(들) 입니다.
이인칭 복수	You	are	girls.	당신들은 소녀(들) 입니다.

We are boys.   You are girls.

We are boys.   *You are girls.*

Lesson 24 — We are not boys.

| 복수 부정 | We | are | not | boys. | 우리들은 소년(들)이 아닙니다. |
| 복수 부정 | You | are | not | girls. | 당신들은 소녀(들)가 아닙니다. |

We are not boys.   You are not~.

We are not boys.   You are not~.

Lesson 25　Are we boys?

복수 의문	Are	we	boys?	우리들은 소년(들) 입니까?
복수 의문	Are	you	girls?	당신들은 소녀(들) 입니까?

Are we boys?　　Are you girls?

Lesson 26 — Yes, you are (boys).

긍정대답	Yes,	you	are	(boys).	예, 그렇습니다.
부정대답	No,	we	are	not (girls).	아니오, 그렇지 않습니다.

Yes, you are.   No, we are not.

Yes, you are.   *No, we are not.*

Lesson 27 Is this a knife ?

단수의문	Is	this	a	knife ?	이것은 (한 개의) 칼 입니까?
복수의문	Are	these		knives ?	이것들은 칼(들) 입니까?

Is this a knife?   Are these knives?

Is this a knife?   *Are these knives?*

Lesson 28 — Yes, it is (a knife).

긍정대답	Yes,	it	is (a knife).		예, 그렇습니다.
부정대답	No,	they	are	not.	아니오, 그렇지 않습니다.

Yes, it is a knife.   No, they are not.

Lesson 29 — Is that a bus?

단수의문	Is	that	a	bus?	저것은 (한 대의) 버스 입니까?
복수의문	Are	those		buses?	저것들은 버스(들) 입니까?

Is that a bus?   Are those buses?

Lesson 30 Yes, it is (a bus).

긍정대답	Yes,	it	is	(a bus).	예, 그렇습니다.
부정대답	No,	they	are	not	(buses).	아니오, 그렇지 않습니다.

Yes, it is. No, they are not buses.

Yes, It is. No, they are not buses.

Lesson 31 I have a book.

긍정문	I			have	a	book.	나는 (한 권의) 책을 가지고 있습니다.
부정문	I	do	not	have	a	book.	나는 (한 권의) 책을 가지고 있지 않습니다.

I have a book.   I do not have a~.

I have a book.   I do not have a~.

Lesson 32 — You have a camera.

긍정문	You			have	a	camera.	당신은 (한 개의) 카메라를 가지고 있습니다.
부정문	You	do	not	have	a	camera.	당신은 카메라를 가지고 있지 않습니다.

You have a camera.   You don't have~.

Lesson 33 — He has a book.

긍정문	He	has		a	book.	그는 (한 권의) 책이 있습니다.
부정문	He	has	not	a	book.	나는 (한 권의) 책을 가지고 있지 않습니다.

He has a book.　　He has not a book.

He has a book.　　He has not a book.

Lesson 34 — I like apples.

일인칭	I	like	apples .	나는 사과를 좋아합니다.
삼인칭	He	likes	apples .	그는 사과를 좋아합니다.

I like apples.   He likes apples.

I like apples.   *He likes apples.*

Lesson 35 — She has a doll.

긍정문		she	has	a	doll.	그녀는 (한 개의) 인형을 가지고 있습니다.
의문문	Does	she	have	a	doll?	그녀는 인형을 가지고 있습니까?

She has a doll.   Does she have a doll?

She has a doll.   Does she have a doll?

Lesson 36 — Yes, she dose.

긍정대답	Yes,	she	does.		예, 그렇습니다.
부정대답	No,	she	does	not.	아니오, 그렇지 않습니다.

Yes, she does.   No, she does not.

Yes, she does.   *No, she does not.*

Lesson 37 — I play tennis.

일인칭 단수	I	play	tennis.	나는 테니스를 합니다.
삼인칭 단수	She	plays	tennis.	그녀는 테니스를 합니다.

I play tennis.　　She plays tennis.

I play tennis.　　*She plays tennis.*

Lesson 38   You teach English.

이인칭 단수	You	teach	English.	당신은 영어를 가르칩니다.
삼인칭 단수	She	teaches	English.	그녀는 영어를 가르칩니다.

You teach English.   She teaches~.

You teach English.   She teaches~.

Lesson 39 — He plays tennis.

긍정문	He		plays	tennis.	그는 테니스를 합니다.
부정문	He	doesn't	play	tennis.	그는 테니스를 하지 않습니다.

He plays tennis.   He doesn't play~.

He plays tennis.   He doesn't play~.

Lesson 40 (Please) Stand up.

명령문	(Please)	Stand	up.	(좀) 일어서십시오.
명령문	(Please)	Sit	down.	(좀) 앉으십시오.

Please, Stand up. | Sit down.

Please, Stand up. | Sit down.

Lesson 41 You study English.

긍정문		You	study	English.	당신은 영어를 공부 합니다.
의문문	Do	you	study	English?	당신은 영어를 공부 합니까?

You study English.   Do you study English?

You study English.   Do you study English?

Lesson 42 — Yes, I do (I study English).

긍정대답	Yes,	I	do.	예, 그렇습니다.
부정대답	No,	I	don't.	아니오, 그렇지 않습니다.

Yes, I do.　　　　　No, I don't study ~.

Yes, I do.　　　　　No, I don't study ~.

Lesson 43 — He goes to school.

긍정문		He	goes	to	school.	그는 학교에 갑니다.
의문문	Does	he	go	to	school?	그는 학교에 갑니까?

He goes to school.   Does he go to ~?

He goes to school.   Does he go to ~?

Lesson 44 Yes, he does.

긍정대답	Yes,	he	does.	예, 그렇습니다.
부정대답	No,	he	doesn't.	아니오, 그렇지 않습니다.

Yes, he does.   No, he doesn't.

Yes, he does.   *No, he doesn't.*

Lesson 45   Do you know sujin Kim?

긍정의문	Do	you	know	sujin Kim?	당신은 김 수진을 압니까?
부정의문	Don't	you	know	sujin Kim?	당신은 김 수진을 알지 못합니까?

Do you know sujin Kim?   Don't you know~?

Do you know sujinkim?   Don't you know~?

Lesson 46 — No, I don't know (sujin Kim).

부정대답	No,	I	don't.	know.	아니오, 그렇지 않습니다.
긍정대답	Yes,	I	don't.	know.	예, 그렇습니다.

No, I don't know.　　　Yes, I don't know.

No, I don't know.　　　Yes, I don't know.

Lesson 47 — This is your book.

긍정문		This	is	your	book.	이것은 당신의 책입니다.
의문문	Is	this		your	book.	이것은 당신의 책입니까?

This is your book.   Is this your book?

This is your book.   *Is this your book?*

Lesson 48 — Yes, it is (my book).

긍정대답	Yes,	it	is.	예, 그렇습니다.
부정대답	No,	it	isn't.	아니오, 그렇지 않습니다.

Yes, it is my book.   No, it isn't.

Yes, it is my book.   No, it isn't.

Lesson 49 — This is doll yours.

긍정문		This	is		doll	yours.	이 인형은 당신의 것입니다.
의문문	Is	this			doll	yours?	이 인형은 당신의 것입니까?

This is doll yours.   Is this doll yours?

This is doll yours.   *Is this doll yours?*

Lesson 50 — Yes, it is (mime).

긍정대답	Yes,	it	is (mine).	예, 그렇습니다.
부정대답	No,	it	isn't.	아니오, 그렇지 않습니다.

Yes, it is mine.   No it isn't.

Yes, it is mine.   No, it isn't.

Lesson 51 — That car is old.

긍정문	That	car	is		old.		저차는 낡은 차입니다.
의문문	Is	that		a	new	car ?	저것은 (한 대의) 새 차 입니까?

That car is old.   Is that a new car?

That car is old.   Is that a new car?

Lesson 52 Yes, it is (a new car).

긍정대답	Yes,	it	is.	예, 그렇습니다.
부정대답	No,	it	isn't.	아니오, 그렇지 않습니다.

Yes, it is a new car.   No, it isn't.

Yes, it is a new car.   No, it isn't.

Lesson 53   That is a new car.

| 긍정문 | This | is | | a | new | car. | 이것은 (한 대의) 새 차입니다. |
| 부정문 | This | is | not | a | new | car. | 이것은 새 차가 아닙니다. |

This is a new car.   This is not a new~.

This is a new car.   This is not a new~.

Lesson 54 — There is a vase(on the desk).

단수	There	is		a	vase.	(책상 위에) 한 개의 꽃병이 있습니다.
복수	There	are			vases.	(책상 위에) 꽃병들이 있습니다.

There is a vase. There are vases.

There is a vase. There are vases.

Lesson 55 — There are some pencils (on the desk).

복수 긍정	There	are	some	pencils.	(책상 위에) 몇 개의 연필이 있습니다.
복수 의문	Are	there		any	pencils?	(책상 위에) 몇 개의 연필이 있습니까?

There are some ~.   Are there any ~?

There are some ~.   *Are there any ~?*

Lesson 56 — Yes, there are.
(~There are some pencils in it)

긍정대답	Yes,	there	are.		예, 있습니다.
부정대답	No,	there	are	not.	아니오, 없습니다.

Yes, there are.   No, there are not.

Lesson 57 — Here is a pen.

단수	Here	is	a	pen.	여기에 (한 개의) 펜이 있습니다.
복수	Here	are	many	pens.	여기에 많은 펜들이 있습니다.

Here is a pen.   Here are many pens.

Here is a pen.   *Here are many pens.*

Lesson 58 — Do you have a book?

		Do	you	have	a book?	Yes, I do.
일반 의문문						
what 의문문	What	do	you	have?		I have a book

What do you have? | I have a book.

Lesson 59 — Who is she?

who의문	Who	is	she?		그녀는 누구 입니까?
what의문	What	is	your	name?	당신의 이름은 무엇입니까?

Who is she?   What is your name?

Who is she?   *What is your name?*

Lesson 60 — She is my mother.

who의문문의대답	She		is	my	mother.	그녀는 나의 어머니 입니다.
what의문문의대답	My	name	is		sujin Ree.	나의 이름은 이 수진 입니다.

She is my mother.   My name is ~.

She is my mother.   *My name is ~.*

Lesson 61 — Who are you?

상대가 보일 때	Who	are	you?	(당신은) 누구십니까?
상대가 안 보일 때	Who	is	it?	(당신은) 누구십니까?

Who are you?   Who is it?

Lesson 62 — How many books do you have?

how의문	How	many	books	do	you	have?	I	have	five	books.
해 석	얼마나	많은	책(들)을		당신은	가지고 있습니까?	나는	가지고 있습니다.	5권의	책을

How many books do you have?

How many books do you have? (cursive)

Lesson 63 What time is it now?

what의문	What	time	is	it	now?	It	is	three	o'clock.
해 석	몇	시	입니까?		지금		입니다.	3시	(정각)

What time is it now?   It's three~.

What time is it now?   It's three~.